Impressum

Kontakt: info@experifant.de

Wir freuen uns über Rückmeldungen!

Experifant Verlag
André Voget, Erlenhofstraße 25
56235 Ransbach-Baumbach
Deutschland

ISBN 978-3-98713-025-0

Süßigkeit

Welche Süßigkeit hat sich Bruno ausgesucht?

Fehlerfalle

In jeder Reihe ist nur ein Wort richtig geschrieben.
Unterstreiche es.

Fusbal • Fussball • Fußbal • Fußball

wilkomen • wilkommen • willkommen

Tieger • Tihger • Tiehger • Tiger

Strahse • Strase • Strasse • Straße

gehöhren • gehörren • gehören

mogen • mohrgen • morgen

vileicht • vieleicht • vielleicht

Verbinde die Punkte

Verbinde die Zahlen von 1 bis 34 und du erhältst ein Wesen, das in Märchen vorkommt.

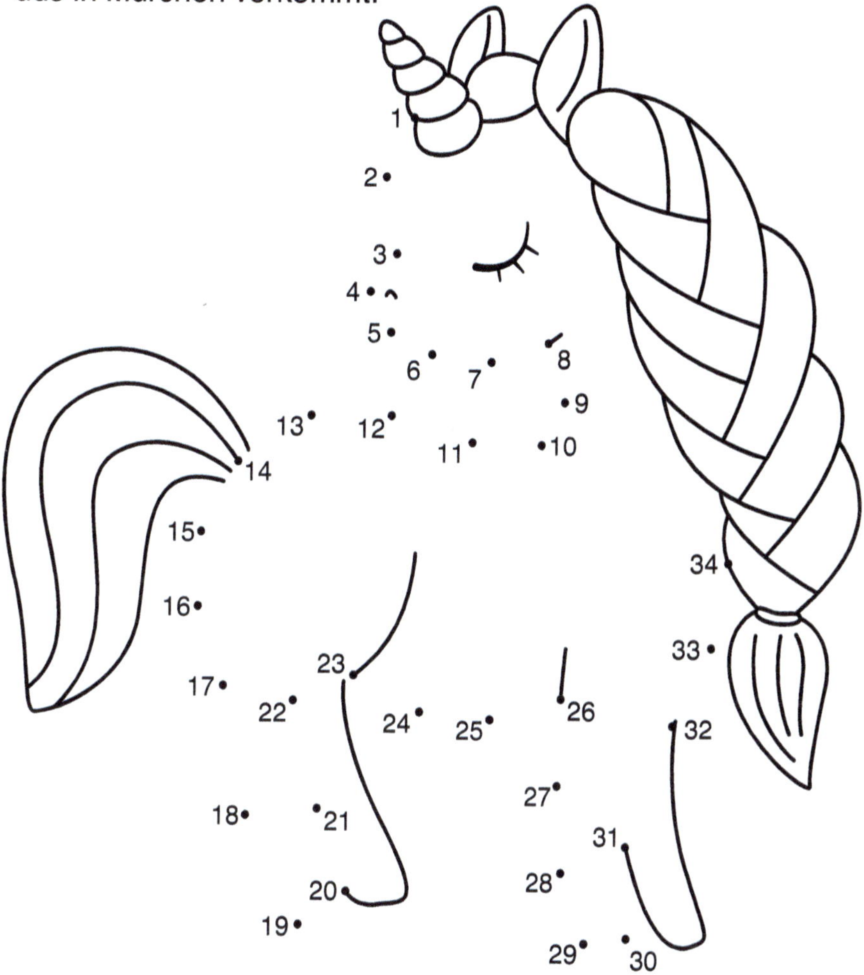

Zahlenreihe

Welche Zahl folgt als Nächstes?

2, 3, 5, 8, 12, ?

Finde 10 Unterschiede

Mathegitter

Setze die richtigen Zahlen ein.

Dreiecksbauer

Setze die sechs Teile zu einem Dreieck zusammen.

Zahlenschnecke

Rechne Schritt für Schritt. Wie lautet das Ergebnis in der Zahlenschnecke?

Vogelalphabet

Jeder Vogel steht für einen Buchstaben im Alphabet. Finde das Lösungswort heraus.

		C	D		F	G
H		J	K			N
O	P	Q	R		T	
V	W	X	Y	Z		

Lösungswort:

Suchsel

Finde diese 18 Tiere horizontal oder vertikal im Suchsel.

Delfin

Esel

Löwe

Geier

Biene

Affe

Bär

Fisch

Huhn

Elefant

Frosch

Tiger

R	A	L	F	A	P	T	I	G	E	R
P	F	E	R	D	G	I	Y	E	D	L
F	F	H	U	D	E	L	F	I	N	F
A	E	L	E	F	U	N	T	E	P	S
R	B	I	C	K	E	B	Ä	R	F	C
D	A	F	F	O	T	I	K	U	C	H
F	R	Ö	S	C	R	E	H	Q	E	E
W	O	L	F	B	Ä	N	O	A	L	F
A	G	Ö	H	E	S	E	L	F	E	R
M	Z	W	A	L	K	A	Ö	F	F	O
F	R	E	I	E	U	F	W	B	Ä	S
R	F	R	T	F	B	I	I	W	M	C
O	I	D	M	A	U	S	D	K	R	H
L	S	I	A	N	X	C	H	U	J	I
T	K	K	U	T	E	H	U	H	N	N
A	N	V	B	M	S	F	I	S	C	K

Wal

Reh

Wolf

Kuh

Pferd

Maus

Giraffenhälse

Die Hälse der Giraffen haben sich verknotet. Welcher Kopf passt zu welchem Körper?

Naturwörter

Schreibe zu jedem Bild das passende Wort. Die gelben Kästchen ergeben von oben nach unten ein Lösungswort.

				L

W				

	Ö	W			Z			

		U	M		

	A		

		S	

		C	H	

	A		

Bauteile

Mit welchen Teilen kann man welche Form bauen? Trage die passende Zahl ein.

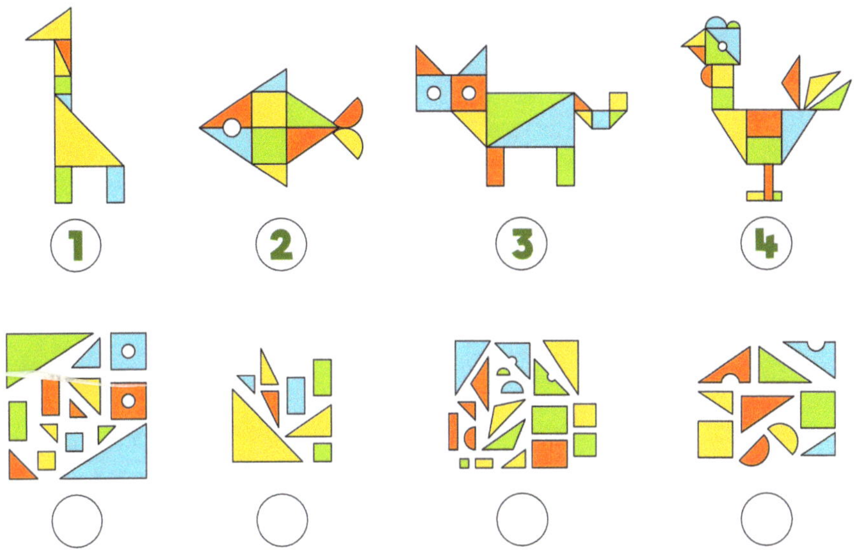

Streichhölzer

Bewege nur ein Streichholz, damit das Ergebnis stimmt.

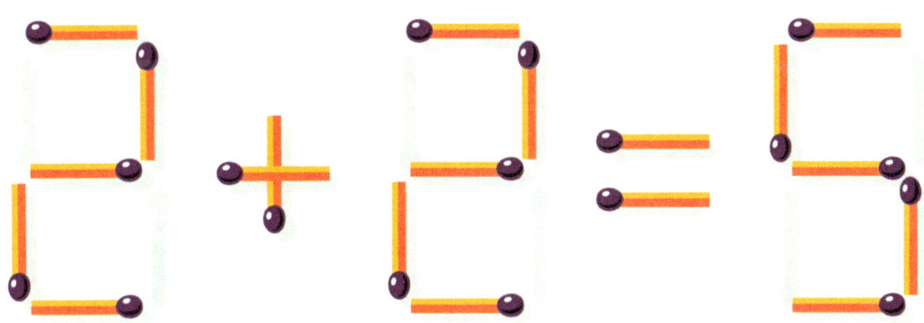

Buntes Tiergeheimnis

Male die Flächen in der Farbe aus, die die Form vorgibt.
Am Ende erkennst du ein Tier, das im Wald lebt.

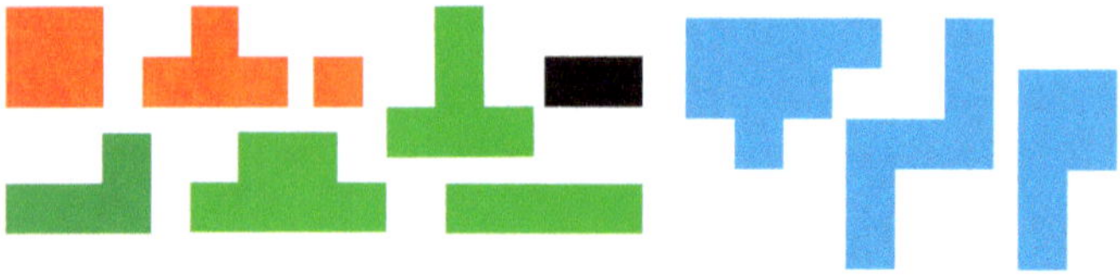

Puzzleteile

Welche Puzzleteile passen wohin?

Was ist was?

Schreibe die Wörter zu den passenden Bildern.

Arm, Auge, Bart, Beine, Finger, Fuß, ~~Gesicht~~,
Haar, Hand, Hände, Knie, Kuss,
Nase, Ohr, Zahn, Zähne

Gesicht

Du machst Urlaub auf einer Insel. Die Insel befindet sich in der Mitte eines Sees. Es gab noch nie eine Brücke, die die Insel mit dem Festland verbindet.

Jeden Tag macht ein Traktor Heufahrten um die Insel für alle Kinder. Heute fragst du die Inselbewohner, wie der Traktor auf die Insel gekommen ist. Sie erzählen dir, dass der Traktor weder mit dem Schiff noch mit dem Flugzeug auf die Insel gebracht wurde. Er wurde auch nicht auf der Insel gebaut.

Wie ist der Traktor auf die Insel gekommen?

Sechs Gläser stehen in einer Reihe. Die ersten drei sind mit Saft gefüllt, die übrigen drei sind leer.

Kannst du sie so anordnen, dass sich leere und volle Gläser abwechseln, indem du nur ein Glas bewegst?

Katzen haben sechs, Käfer haben fünf, aber der Regenwurm hat neun.

Was ist gemeint?

Welche Wörter mit drei verschiedenen Buchstaben kannst du aus den Buchstaben R T O bilden?

Finde das Muster

Finde fünf Mal
dieses Muster:

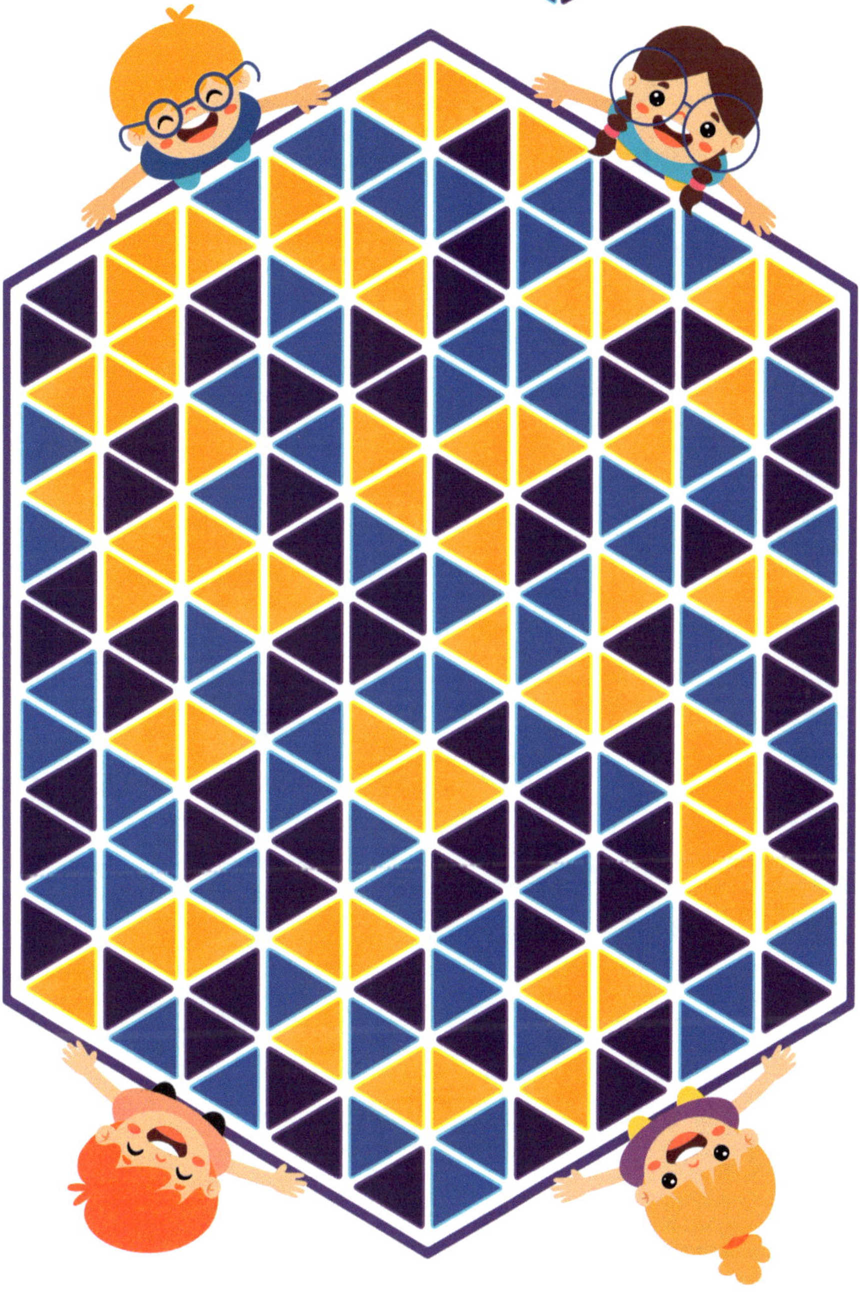

Geheimcode

Knacke den Code! Trage für jede Zahl einen Buchstaben ein.

4	5	6	7	8	12	13	14	15	18	20	21	22	23	27	29
D	E	F	G	H	L	M	N	O	R	T	U	V	W	Ä	Ü

4	5	18

6	18	29	8	5

22	15	7	5	12

6	27	14	7	20

4	5	14

23	21	18	13

.

Tieraugen

Wie viele Tiere schauen nach links und wie viele nach rechts?

Kopiere die Katze

Eins und eins ergibt zwei

Schaue dir die große Form an. Aus welchen zwei Teilen unten kannst du sie zusammenbauen?

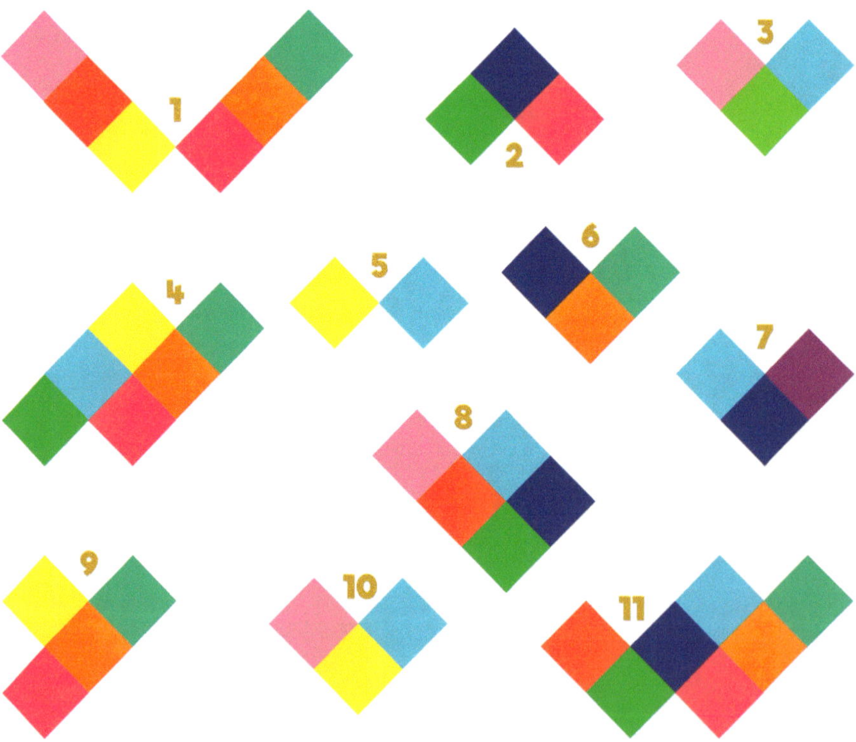

Suchsel

Finde diese 14 Berufe im Suchsel.

Pilotin

Lehrer

Metzger

Bauer

Kellner

Tierärztin

Astronaut

Maler

Maurer

Sängerin

Gärtner

Arzt

Koch

Polizistin

			M	A	U	S	E	R	L	A	E
			P	S	L	E	M	A	L	E	R
			V	T	K	Ä	R	M	E	T	G
E	B	E	H	K	E	L	T	I	E	R	Ä
M	A	U	R	E	R	N	Z	K	O	E	R
S	U	M	A	L	E	H	G	Ä	R	T	N
Ä	M	R	Ä	L	G	Ä	R	T	I	C	H
N	E	S	Ä	N	G	E	R	I	N	U	M
G	R	Ä	I	E	Z	I	S	T	I	N	W
E	A	S	T	R	O	N	A	U	T	L	L
F	R	Ä	I	N	E	R	O	B	I	D	P
L	Z	N	E	T	I	N	J	P	E	Z	I
K	T	F	R	L	E	H	R	E	R	T	L
P	O	L	Ä	Z	G	E	R	O	Ä	B	O
G	P	Ä	R	F	B	A	U	E	R	A	T
K	O	L	K	O	Z	R	X	I	Z	U	I
R	L	P	O	L	I	Z	I	S	T	I	N
T	I	E	C	H	S	L	Q	U	I	Y	L
S	Z	I	H	N	G	Ä	R	T	N	E	R

Was bin ich?

Ich habe zwei Flügel und kann nicht fliegen. Ich habe einen Rücken, aber kann nicht liegen. Ich habe ein Bein, aber kann nicht stehen. Ich trage eine Brille, aber ich kann nichts sehen. Was bin ich?

Ich schwitze nie, wenn es sehr warm ist, doch wenn es draußen schneit oder stürmt, dann sieht man mich schwitzen. Was bin ich?

Wenn du mich brauchst, wirfst du mich weg. Wenn du mich nicht mehr brauchst, holst du mich wieder zu dir. Was bin ich?

Ich bin so zerbrechlich, dass man mich schon bricht, wenn man meinen Namen sagt. Was bin ich?

Ich habe viele Augen, aber ich kann nichts sehen. Was bin ich?

Ich liege in deinem Bett, werde aber nie müde. Was bin ich?

Ich habe keine Füße und keine Hände. Ich habe keine Flügel, aber ich steige in den Himmel. Was bin ich?

Ich laufe die ganze Zeit um ein Feld herum, aber ich bewege mich nie. Was bin ich?

Man muss mich zerbrechen, bevor man mich benutzen kann. Was bin ich?

Verbinde die Punkte

Verbinde die Zahlen von 1 bis 44 und finde heraus, welche Sache aus dem Mittelalter zu sehen ist.

Lücken im Alphabet

Gehe das ABC durch und finde drei fehlende Buchstaben.
Bilde mit ihnen ein neues Wort.

Streichhölzer

Bewege vier Streichhölzer, sodass drei Dreiecke entstehen.
Die Dreiecke sind gleich groß.

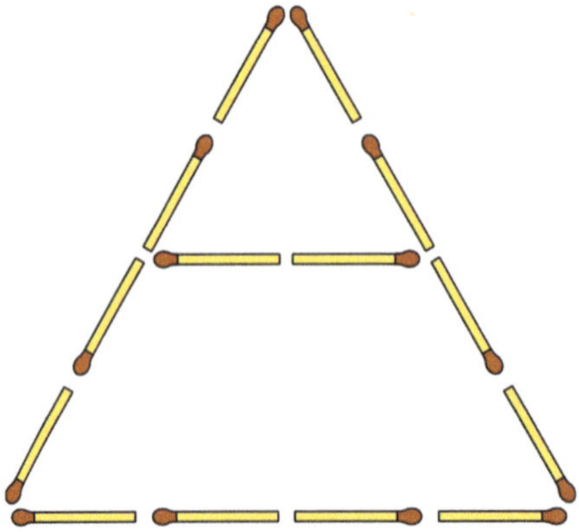

Finde zwei gleiche Schildkröten

Perlenketten

Verbinde die Perlenketten mit ihren Aufgaben.

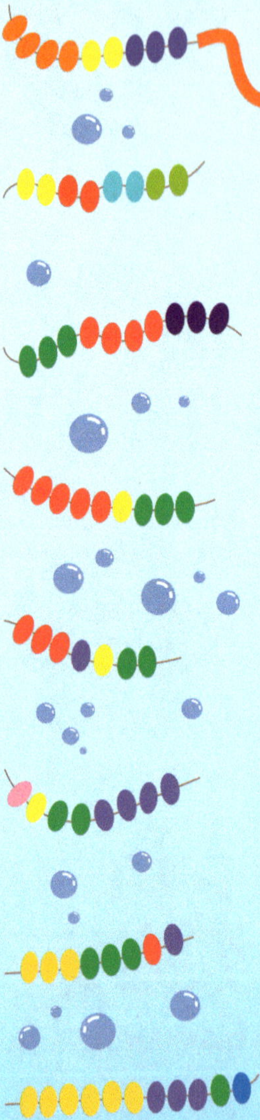

2 + 2 + 2 + 2

4 + 2 + 3

3 + 3 + 1 + 3

3 + 1 + 1 + 2

5 + 1 + 1 + 2

3 + 4 + 3

4 + 5 + 1

2 + 4 + 2

3 + 3 + 1 + 1

5 + 1 + 3

4 + 1 + 2

1 + 1 + 2 + 4

3 + 3 + 1 + 1

1 + 1 + 2 + 4

6 + 3 + 1 + 1

6 + 4 + 1

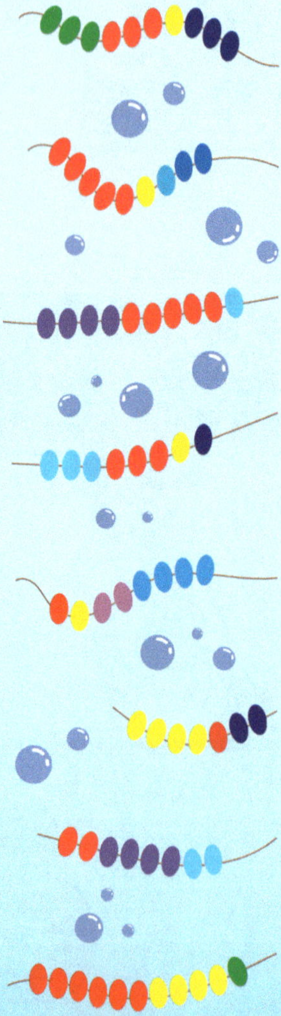

Zeichne nach!

Scherzfragen

1 Was macht ein Drache im Fußballstadion?

2 Was ist der größte Bus?

3 Was sagte die eine Wand zur anderen Wand?

4 Warum war das Mathematikbuch traurig?

5 Was ruft ein Pirat, wenn er einen Bauernhof entdeckt?

6 Was ist vor dem Baden sauber und hinterher dreckig?

7 In welche Gläser sollte man niemals Cola gießen?

8 Was muss man tun, bevor man aus einem Flugzeug aussteigen kann?

9 Welche Vögel legen keine Eier?

10 Was ist grau und nicht da?

11 Wer tut sich nicht weh, wenn er fällt?

12 Wer hat Füße, aber keinen Kopf?

1
2
3
4
5
6
7
8

Schattenbilder

Welcher Schatten passt zu Simon, dem lustigen Kater?

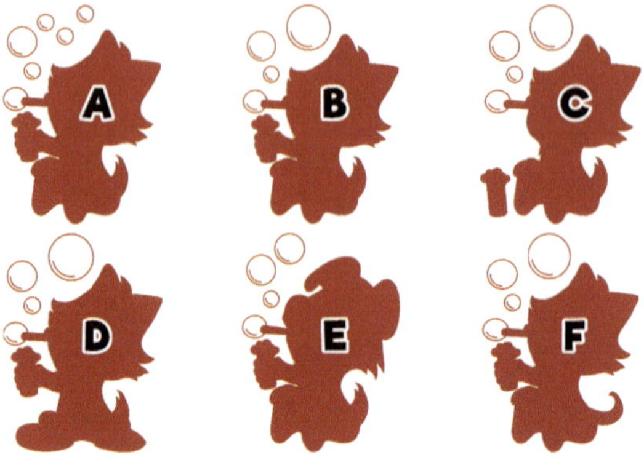

Blick von oben

Welches Bild zeigt die Buchseite, die Nina liest?

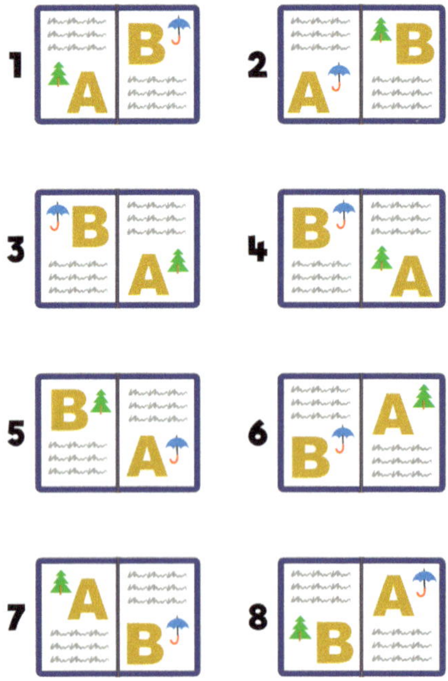

Gitterrätsel

3 Buchstaben: Aal, Wal
5 Buchstaben: Fisch, Robbe
6 Buchstaben: Delfin, Krabbe, Qualle
7 Buchstaben: Seehund
8 Buchstaben: Krokodil, Seestern
10 Buchstaben: Flusspferd
11 Buchstaben: Tintenfisch
12 Buchstaben: Seepferdchen

Haustiere

Wem gehört welches Haustier?

Wortleiter

M	U	N	D
H			
W	A	L	D

Verwandle das Wort »Mund« in das Wort »Wald«. Bei jedem Schritt darfst du nur einen Buchstaben ändern. Jedes Wort muss ein echtes Wort sein.

Kaktuskauf

Vergleiche das Bild oben mit dem Bild unten.
Welchen Kaktus hat sich Basti ausgesucht?

Frau Wagner betritt ein Restaurant und bittet den Mann hinter dem Tresen um ein Glas Wasser. Der Mann holt eine große, haarige Spinne heraus und wirft sie Frau Wagner zu.

Etwas später bedankt sich Frau Wagner bei dem Mann und verlässt das Restaurant.

Warum hat sich Frau Wagner bedankt?

Vier Freunde machen ein Rennen. Lisa kommt vier Stunden vor Tanja ins Ziel, und Peter kommt acht Stunden vor Max ins Ziel. Max braucht sechs Stunden länger als Lisa, um das Rennen zu beenden.

In welcher Reihenfolge überqueren sie die Ziellinie?

Welches Wort gehört in die Lücke?
Jan ist Martins Bruder.

Martin ist der ____________ von Jans Bruder.

Welcher Monat kommt nach **Mai, März, Juni, Juli, April, Januar, August**?

Was haben die Zahlen **69** und **88** gemeinsam?

Formen zählen

Zähle die Formen:

Drehe mal!

Zwei Quadrate sind gleich, wenn du sie drehst. Welche?

Regenschirme

Wie viele Regenschirme sind im Bild versteckt?

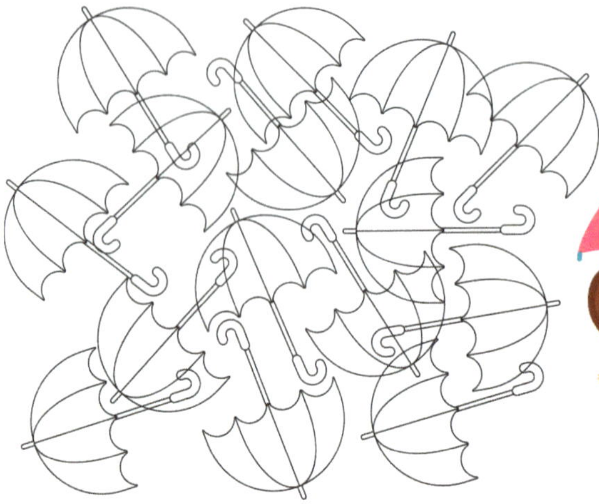

Mathekreise

Male in jedem Kreis zwei Zahlen an, die zusammengezählt die Zahl in der Mitte ergeben.

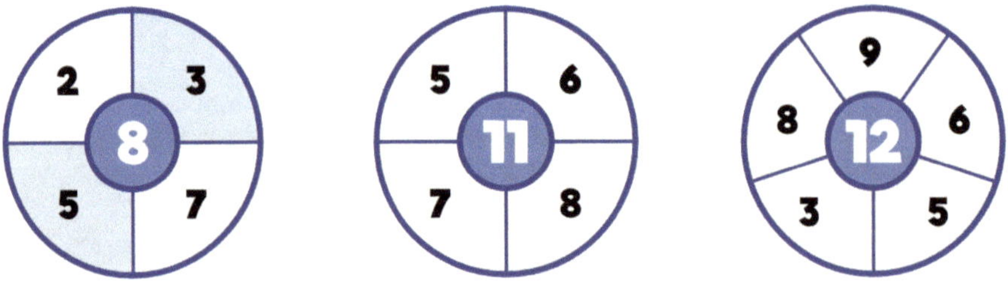

Farbige Würfel

Welchen der fünf Würfel erhältst du,
wenn du diese beiden Formen verbindest?

A B C D E

Kopiere den Bären

Roboter Tobbi

Roboter Tobbi hat viele Aufgaben. Welches Werkzeug gehört zu welcher Zahl?

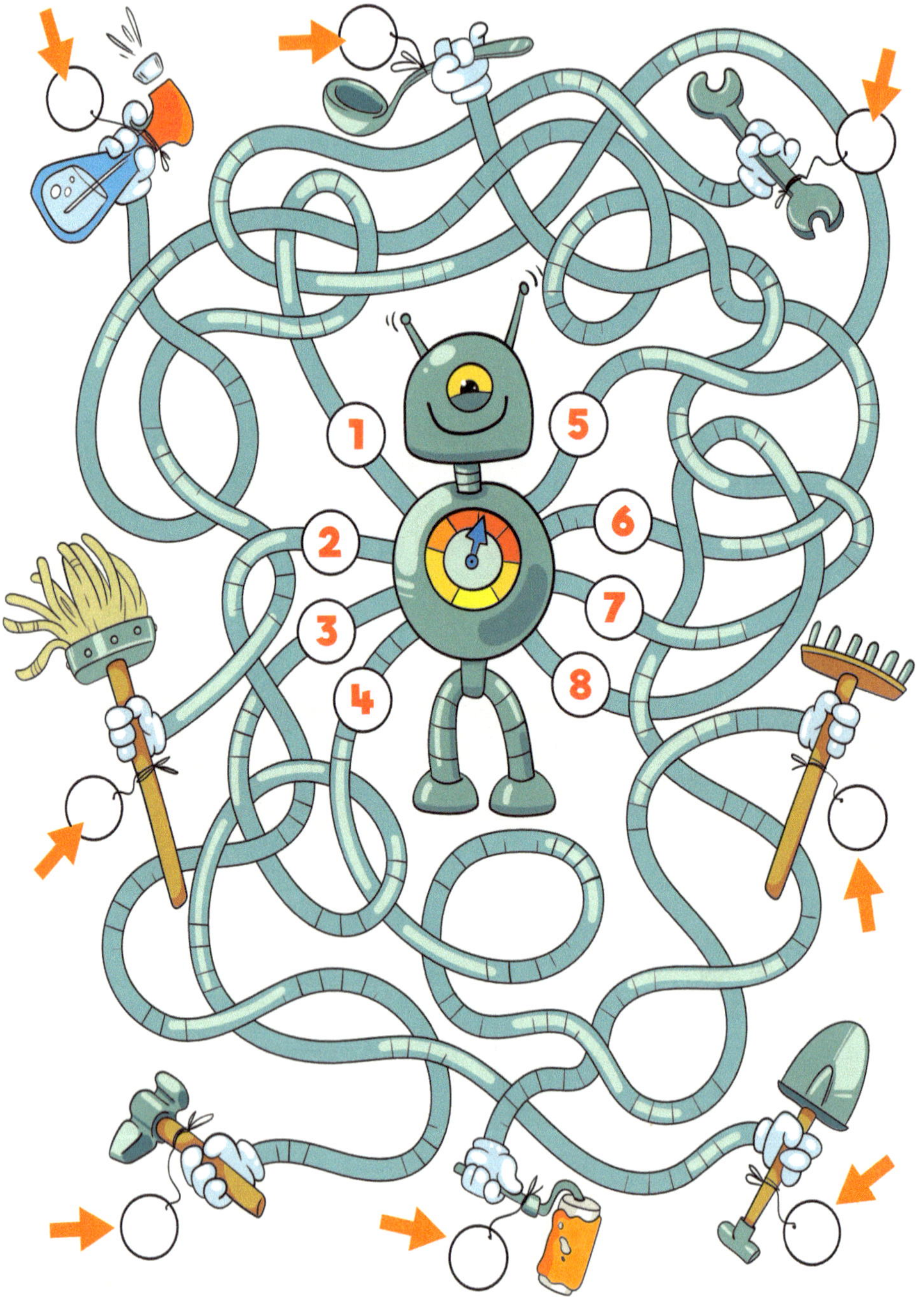

Finde 10 Unterschiede

Wortleiter

R	I	N	G
			D
D	I	N	O

Verwandle das Wort »Ring« in das Wort »Dino«. Bei jedem Schritt darfst du nur einen Buchstaben ändern. Jedes Wort muss ein echtes Wort sein.

Finde zwei gleiche Hunde

Lies die Sterne

Finde ein bekanntes Sprichwort. Die Zahlen in den Sternen sagen dir, in welcher Reihenfolge du lesen musst.

Was passt wohin?

Trage die passenden Buchstaben ein.

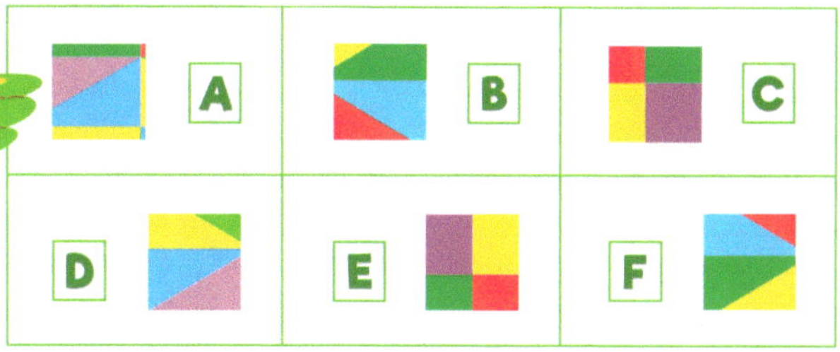

Tierbabys

Rechne von oben nach unten. Male das Ergebnis im Gitter aus, damit die Tierbabys zu ihren Eltern finden.

1 + 1 = 2

3 + 9 =

6 + 7 =

20 – 1 =

4 + 4 =

3 + 6 =

13 – 3 =

8 + 9 =

2 + 2 =

11 – 8 =

14 – 5 =

7 + 12 =

10 + 10 =

12 – 6 =

13 – 6 =

5 + 3 =

7 + 7 =

2	4	6	8	10	11
12	13	14	15	16	17
18	19	20	1	3	5
7	8	9	10	11	12
14	15	16	17	18	19
20	2	3	4	5	6
7	8	9	10	12	14
16	18	19	20	1	2
3	4	5	6	7	8
9	10	11	12	13	14

Trickfragen

Wie kannst du die Zahl 6 erhöhen, ohne Plus oder Mal zu rechnen?

Wie kannst du ein Rechteck mit drei Strichen zeichnen?

Wenn einige Tiere unter Wasser leben und andere Tiere Wasser trinken – was atmen Fische?

In welchem Monat schlafen Menschen am wenigsten?

Achtzehn Kinder stehen unter einem kleinen Regenschirm. Warum wird keines von ihnen nass?

Was setzt ein Gärtner als Erstes in den Garten?

Welches Wort im Wörterbuch wird immer falsch geschrieben?

Was ist eine Sache, die besser schmeckt, als sie riecht?

Bilder-Sudoku

In jeder Reihe und in jeder Spalte darf jedes Tier nur einmal vorkommen. Wohin musst du die fehlenden Tiere setzen?

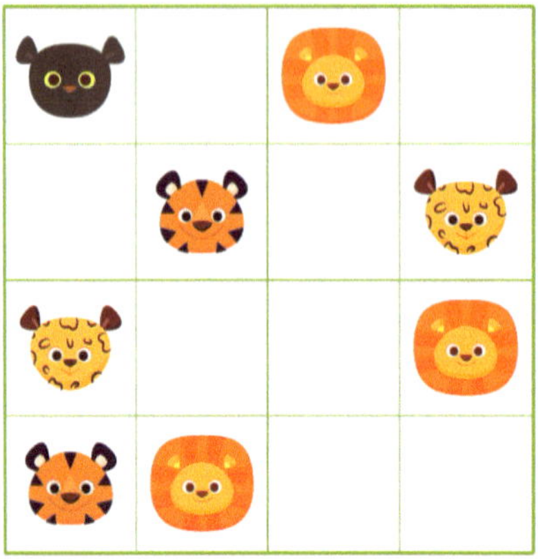

Papageien

Jedem Papagei fehlt ein Teil. Verbinde.

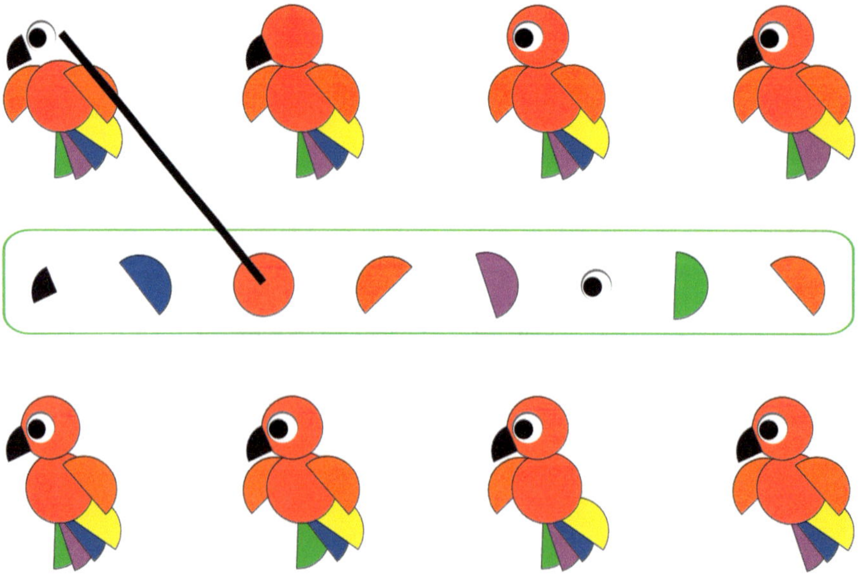

Zahl vermisst!

Dieses Wabennest hat viele Zahlen. Jede Zahl kommt zweimal vor – bis auf eine. Welche Zahl gibt es nur einmal?

Fischpuzzle

Löse das Puzzle. Trage die passenden Zahlen ein.

Käselabyrinth

Welches Rohr muss die Maus wählen, um den Käse zu erreichen?

Suchsel

Finde diese 13 Wörter im Suchsel.

Hahn

Huhn

Zahn

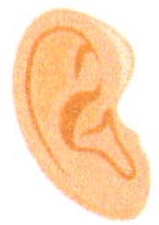
Ohr

Uhr

fahren

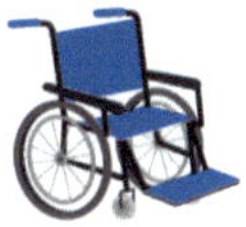
Rollstuhl

Schuh

Zehn

Fernseher

Reh

Sahne

Mehl

R	M	U	H	K	A	T	N	E	U	N	F
O	E	H	S	A	H	K	A	M	Q	Y	A
L	H	Z	A	X	Z	E	H	B	C	H	H
L	Z	E	H	I	A	U	H	Z	L	O	R
S	A	D	N	P	H	H	F	E	R	H	S
T	H	F	E	R	N	S	E	H	E	R	T
A	Z	A	H	O	A	D	R	N	H	I	U
B	E	H	O	L	L	M	N	K	E	R	H
F	H	R	R	L	F	E	R	U	C	H	M
E	R	E	S	S	C	H	U	H	L	R	O
R	E	N	C	T	E	L	L	R	E	H	N
N	S	F	H	U	Z	Z	E	T	B	U	H
S	C	E	U	H	A	H	N	E	H	H	Z
U	H	R	T	L	H	A	H	S	E	N	A
C	U	N	E	H	L	N	E	N	G	S	H
H	B	S	R	D	S	M	O	H	A	U	R
S	O	T	F	J	E	H	F	A	R	N	T
A	H	A	W	A	H	U	L	E	R	N	O
H	T	R	O	H	E	R	D	V	A	Z	E

Blick von oben

Verbinde die Würfel mit dem passenden Blick von oben.

Streichhölzer

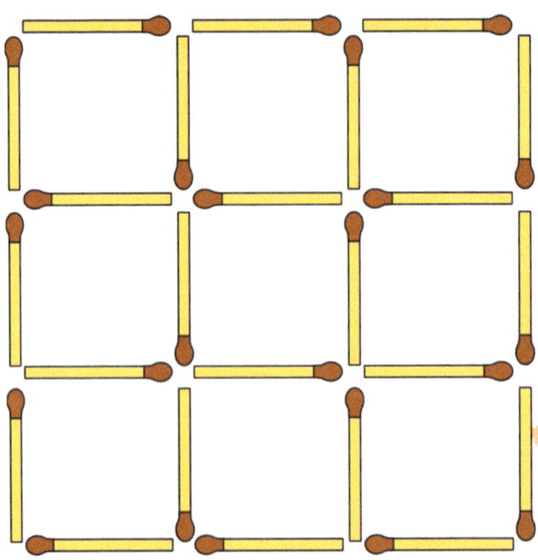

Entferne vier Streichhölzer, damit fünf Quadrate entstehen.

Die fünf Quadrate sind gleich groß.

Schattenbilder

Welcher Schatten passt zu Lani, dem fröhlichen Pony?

Kopiere den Koala

Zeichne den süßen Koala nach der Vorlage ab.

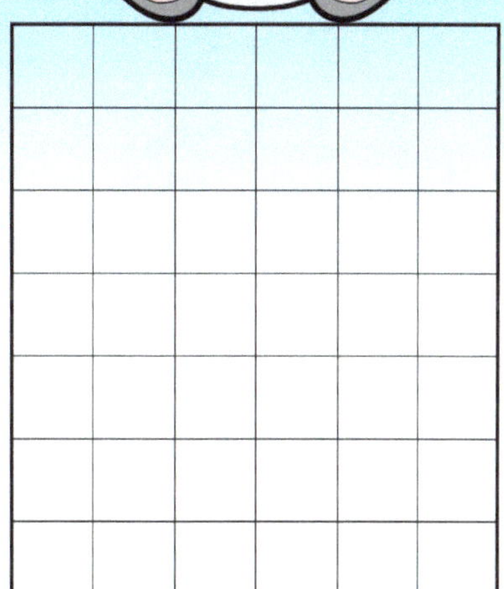

Finde 10 Unterschiede

Gitterrätsel

3 Buchstaben: Uhu
4 Buchstaben: Ente, Esel, Eule, Gans, Hahn, Huhn, Igel, Kalb, Lamm, Laus, Pony
5 Buchstaben: Katze, Küken, Taube, Ochse
6 Buchstaben: Ameise, Ferkel, Fohlen, Hummel
8 Buchstaben: Schnecke, Truthahn
9 Buchstaben: Kaninchen
10 Buchstaben: Ziegenbock

Kreuzungen

Auf blauen Feldern biege links ab. Auf grünen Feldern biege rechts ab. Wo landen am Ende das rote und das gelbe Auto?

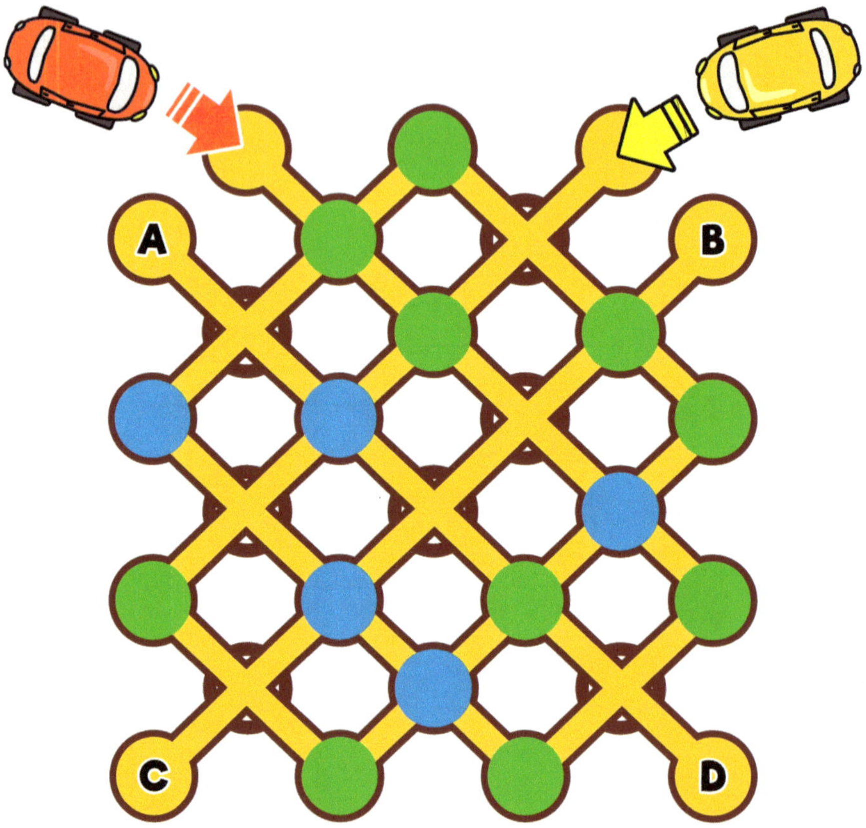

Rechenzeichen

Trage Plus (+) und Minus (–) ein.

3		4		5	=	2
17		8		6	=	15

Verbinde die Punkte

Verbinde die Zahlen von 1 bis 22 und finde heraus, welches Tier auf dem Ast sitzt. Dann male das Tier aus.

Welchen Weg muss die Raupe Ralf nehmen, um den Apfel zu erreichen?

Scherzfragen

1. Welches Tier versteckt sich im Kaffee?
2. Welchen Tisch kann man essen?
3. Was kann man nicht mit Worten ausdrücken?
4. Was kann man weitergeben und gleichzeitig behalten?
5. Ein Segelflugzeug stürzt genau zwischen Deutschland und Österreich ab. Wer bekommt den Motor?
6. Was wird größer, wenn man etwas davon wegnimmt?
7. Welcher Garten muss nicht gegossen werden?
8. Was ist schwarz-weiß und sitzt auf der Schaukel?
9. Welche Affen haben die längsten Hälse?
10. Wer riecht, obwohl er keine Nase hat?
11. Wer kommt als Erster ins Haus?
12. Welche Vögel hören nicht?

Würfelaugen

Zähle die Augen eines Würfels zusammen. Bei welchem Würfel ergeben die Augen die Zahl 10?

Finde zwei gleiche Mäuse

Malen nach Zahlen

1 2 3 4 5 6 7

1	1	1	1	1	1	1	1	1	1	1	1	1	1	1	1	1	1	1	1
1	1	1	1	1	1	1	1	6	6	6	6	6	1	1	1	1	6	1	1
1	1	1	1	1	1	6	6	6	6	6	6	6	6	6	1	6	6	1	1
1	1	4	1	1	1	6	6	6	6	6	6	6	6	6	1	6	1	1	1
1	1	4	1	1	6	6	6	6	6	6	6	6	6	6	6	6	6	1	1
1	1	4	1	1	6	6	6	6	6	6	6	6	6	6	6	1	6	6	1
1	1	4	1	1	2	3	3	3	3	3	3	3	3	3	2	1	1	1	1
1	1	4	1	1	2	3	3	2	3	3	3	2	3	3	2	1	1	1	1
1	2	2	2	1	3	3	3	3	3	3	3	3	3	3	3	1	1	1	1
1	3	3	3	1	2	3	3	3	3	3	3	3	3	3	2	1	1	1	1
1	3	3	3	1	1	3	3	3	3	2	3	3	3	3	1	1	1	1	1
1	3	3	3	1	1	1	3	3	3	3	3	3	3	1	1	1	1	1	1
1	1	2	3	1	1	1	1	1	5	5	5	1	1	1	1	1	1	1	1
1	1	2	3	1	1	5	2	2	5	5	5	2	2	5	1	1	1	1	1
1	1	3	3	3			2	2				2	2				1	1	1
1	1	3	3	5	5	5	2	2	5	5	5	2	2	5	5	5	5	1	1
1	1	1	1			1	2	2				2	2	1				1	1
1	1	1	1	1	1	1	2	2	5	5	5	2	2	1	5	3	3	1	1
1	1	1	1	1	1	1	2	2				2	2	3	3	3	3	1	1
1	1	1	1	1	1	1	2	2	5	5	5	2	2	3	3	3	3	1	1
1	1	1	1	1	1	1	2	2	7	7	7	2	2	3	3	1	1	1	1
1	1	1	1	1	1	1	7	7	7	7	7	7	7	1	1	1	1	1	1
1	1	1	1	1	1	1	7	7	7	1	7	7	7	1	1	1	1	1	1
1	1	1	1	1	1	1	7	7	7	1	7	7	7	1	1	1	1	1	1
1	1	1	1	1	1	1	7	7	7	1	7	7	7	1	1	1	1	1	1
1	1	1	1	1	1	1	7	7	7	1	7	7	7	1	1	1	1	1	1
1	1	1	1	1	1	1	7	7	7	1	7	7	7	1	1	1	1	1	1
1	1	1	1	1	1	1	3	3	3	1	3	3	3	1	1	1	1	1	1
1	1	1	1	1	1	1	3	3	3	1	3	3	3	1	1	1	1	1	1
1	1	1	1	1	1	1	3	3	3	1	3	3	3	1	1	1	1	1	1
1	1	1	1	1	1	2	2	2	2	1	2	2	2	2	1	1	1	1	1
1	1	1	1	1	1	1	1	1	1	1	1	1	1	1	1	1	1	1	1

Versteckte Vierlinge

Finde die vier Kombinationen und kreise sie ein.

Papageien

Zähle die verschiedenen Papageien.

Tier gesucht

Welches Tier wird gesucht? Setze die Buchstaben an die richtige Stelle.

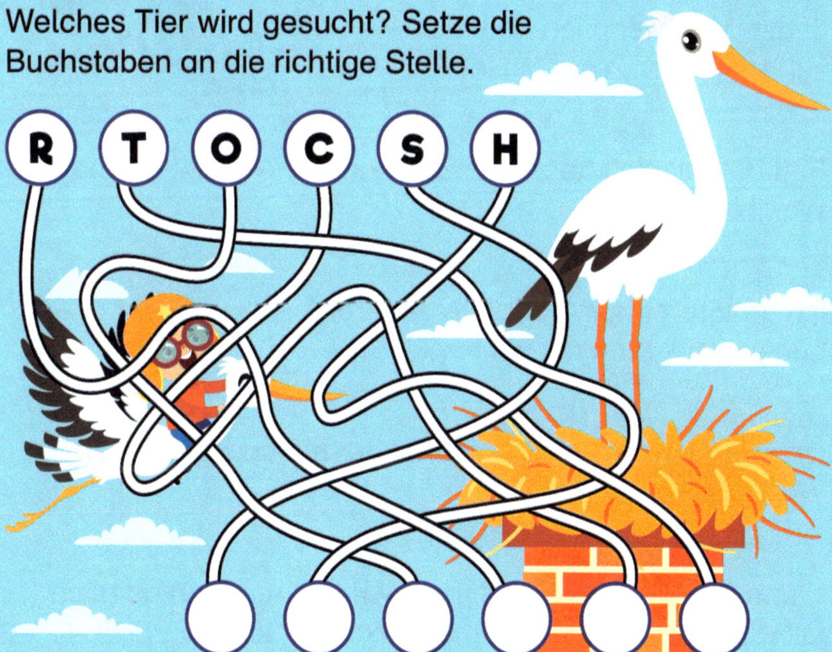

Was bin ich?

Ich kann mich mit über 100 Kilometern pro Stunde fortbewegen, verlasse aber nie den Raum. Du kannst versuchen, mich aufzuhalten, doch es gelingt dir nicht. Du wirst nicht wissen, ob ich nur einmal oder zweimal komme. Was bin ich?

Ich komme nachts heraus, ohne gerufen zu werden, und bin morgens wieder verschwunden, ohne gestohlen zu werden. Was bin ich?

Du kannst mich von einem Hochhaus fallen lassen und ich bleibe heil. Aber wenn du mich ins Wasser fallen lässt, bin ich kaputt. Was bin ich?

Ich habe einen Hals, aber keinen Kopf. Was bin ich?

Jedes Mal, wenn ich bade, schrumpfe ich. Was bin ich?

Fütterst du mich, lebe ich. Gibst du mir Wasser, sterbe ich. Was bin ich?

Ich gehöre nur dir, aber alle anderen verwenden mich häufiger als du. Was bin ich?

Ich werde zum Essen gekauft, aber niemals gegessen. Was bin ich?

Wenn du mich hast, willst du mich teilen. Wenn du mich teilst, hast du mich nicht mehr. Was bin ich?

Dino-Puzzle

Schreibe die Zahlen der Puzzleteile in den Dinosaurier.

Blütenrätsel

In jeder Blume ergibt die Rechnung das Ergebnis in der Mitte.
Leider rechnet immer eine Blüte falsch. Streiche sie durch.

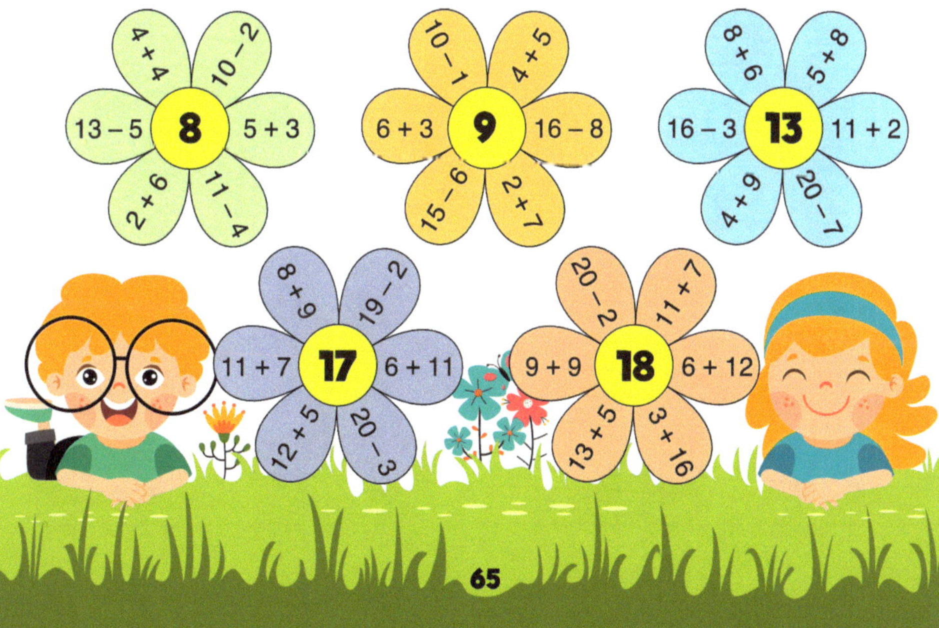

Finde 10 Unterschiede

Rechengitter

5	+	9	=	
–				–
=				=
3	+		=	6

19	–		=	14
–				–
12				
=				=
	+		=	9

Knöpfe

Schneider Müller braucht drei gleiche Knöpfe.
Hilf ihm, sie zu finden, und kreise sie ein.

Zahlenhälften

Füge die Hälften zu vier Zahlen zusammen.
Welche Zahl ist die kleinste?

Quadrat-Zwilling

Welche zwei Quadrate sind gleich?

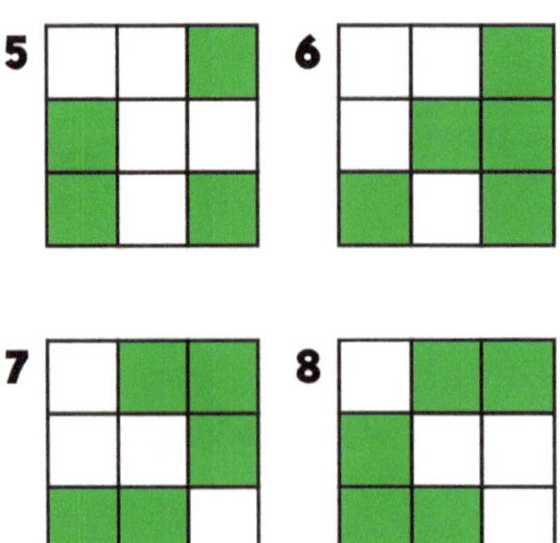

Formenpuzzle

Setze die fünf Formen in das Quadrat ein.

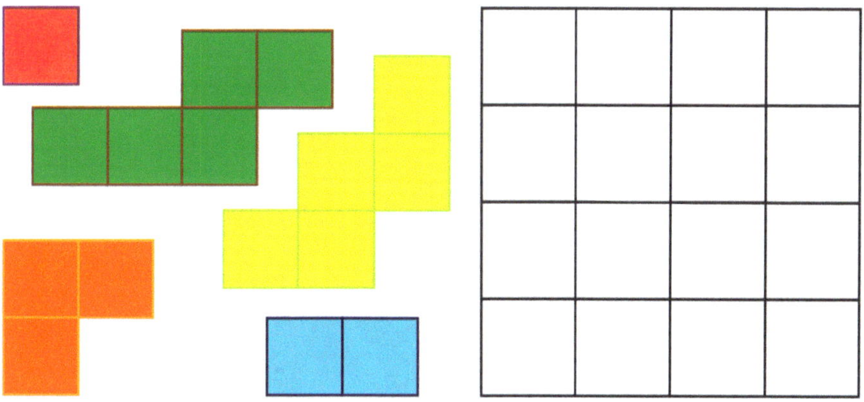

Wortsalat

Die Buchstaben sind durcheinandergeraten. Bringe sie in die richtige Reihenfolge. Die Anfangsbuchstaben ergeben ein Lösungswort.

1 ALAKO

2 BERA

3 ROTTE

4 HUK

5 ROCA

6 FENDIL

7 LIEG

8 ÖLWE

Lösungswort:

1	2	3	4	5	6	7	8

Schattenbilder

Welcher Schatten passt zum Dinosaurier?

Streichhölzer

Versetze ein Streichholz, damit die Rechnung stimmt.

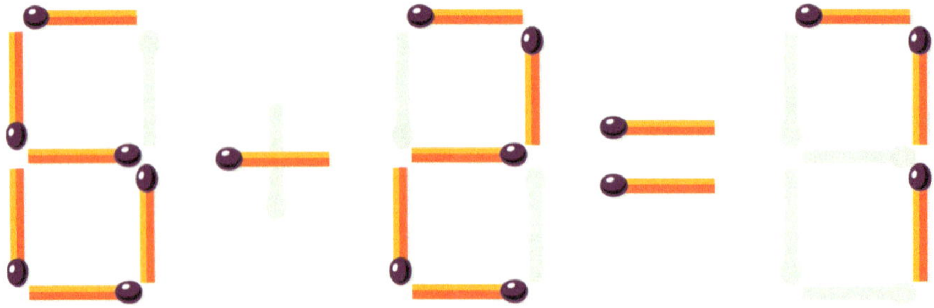

Zeichne nach!

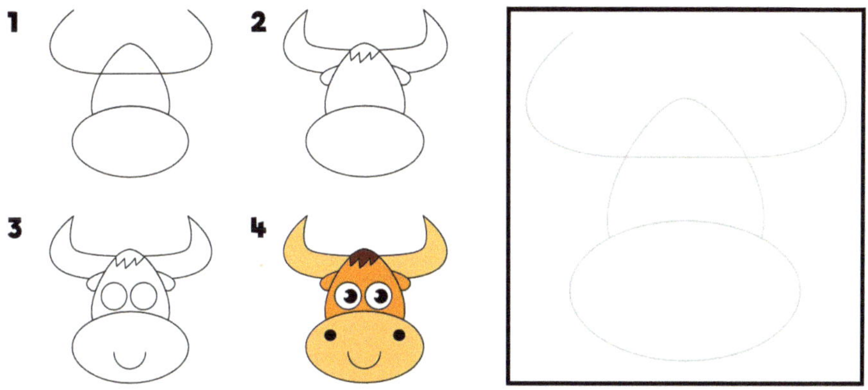

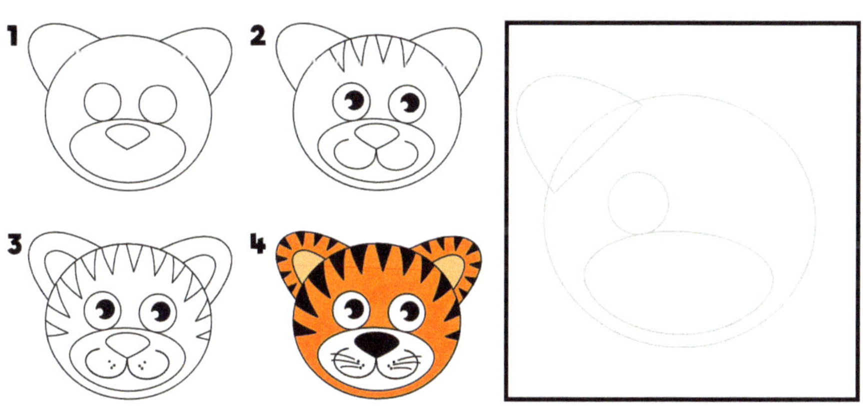

Finde diese 10 versteckten Sachen im Bild.

Wurmfarben

Welche zwei Würmer sind miteinander verknotet? Finde es heraus, indem du in den Wurmfarben ausmalst.

Blick von oben

Welches Haus kann man aus der Vorlage oben basteln?

Gitterrätsel

4 Buchstaben: Golf
6 Buchstaben: Hockey, Karate, Laufen, Segeln, Surfen, Tennis, Turnen
7 Buchstaben: Fechten, Tauchen
8 Buchstaben: Klettern
9 Buchstaben: Schwimmen, Speerwurf
10 Buchstaben: Basketball, Diskuswurf, Hochsprung, Wasserball
11 Buchstaben: Tischtennis

Dino-Eier

Auf dieser Insel leben viele Dinosaurier. Finde 10 Dino-Eier, aus denen noch kein Baby geschlüpft ist.

Finde 10 Unterschiede

Dora und ihre Eltern fuhren den ganzen Weg von Berlin nach München. Am Ende der Reise stellten sie fest, dass sie von Anfang an eine Reifenpanne hatten.

Wie ist es möglich, dass sie den Weg fahren konnten, ohne den platten Reifen zu bemerken?

Bonnie, Conny und Mimi sind Schwestern. Bonnie ist jünger als Conny. Mimi ist älter als Conny.

Ist Mimi jünger oder älter als Bonnie?

Was verläuft auf der einen Seite eines Schiffes von vorne nach hinten und auf der anderen Seite von hinten nach vorne?

In welche Richtung fährt dieser Bus: nach links oder nach rechts?

Welche der fünf Zahlen gehört hier nicht hin?

2, 4, 6, 8, 10

Suchsel

Finde diese 14 Sachen horizontal oder vertikal im Suchsel.

Milch

Quark

Brot

Brötchen

Butter

Kakao

Marmelade

Margarine

Salami

Salz

Pfeffer

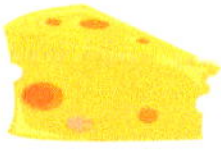
Käse

Wurst

Ei

B	R	Ö	T	C	H	U	M	I	M	I	L
R	M	A	R	M	E	L	O	B	K	A	K
O	A	S	A	L	Q	U	A	R	K	O	A
M	R	B	U	T	T	A	L	Ö	U	M	B
B	G	M	I	L	P	B	U	T	T	E	R
I	A	E	K	Ä	S	D	Ö	C	I	P	O
P	R	U	W	M	I	L	C	H	W	F	T
F	I	K	T	B	R	F	F	E	F	E	P
E	M	A	R	G	A	R	I	N	E	F	T
F	T	K	C	H	Q	U	A	R	S	F	R
F	S	A	L	A	M	I	S	X	K	Ä	S
R	K	O	A	K	A	S	A	L	A	M	Ö
A	Ä	L	W	U	R	S	T	C	H	A	N
L	S	T	C	H	M	G	E	N	B	R	Ö
Z	I	M	P	F	E	F	F	E	R	G	A
W	B	R	Ö	J	L	A	F	I	T	E	R
U	Y	Q	U	S	A	L	Z	S	H	L	I
R	A	R	P	G	D	O	V	A	N	A	Z
S	E	K	Ä	S	E	M	U	L	B	D	E

Rückseite

Welche der drei Reihen ist die Rückseite der oberen Reihe?

Finde zwei gleiche Autos

Rechne und male!

Rechne und male in der richtigen Farbe aus.

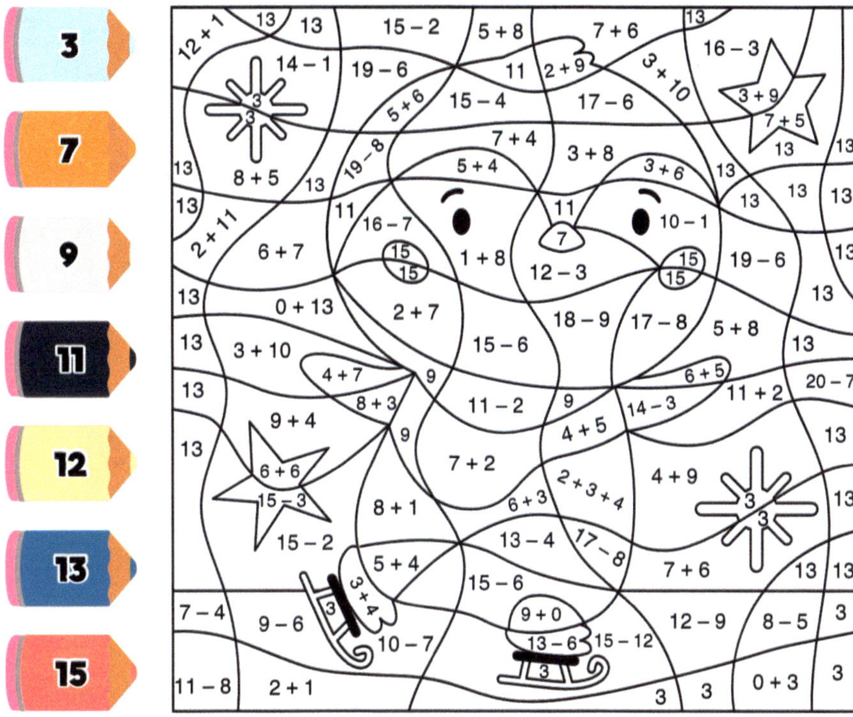

Würfelfarben

Welchen Würfel kannst du mit der Vorlage links falten?

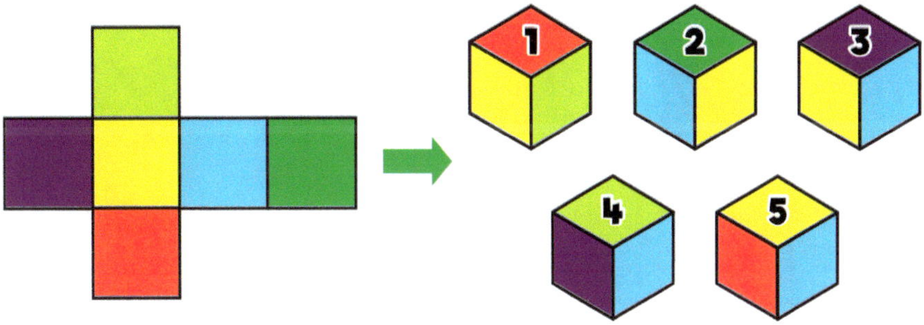

Bunte Mauer

Welches Teil passt in die Mauer?

Sei ein Domino-Detektiv!

Lege die Dominosteine so in das Quadrat, dass in jeder Reihe und in jeder Spalte 11 Augen sind.

Was bin ich?

Ich folge dir überallhin in der Nacht. Ich leuchte für die Menschen, aber ich kann auch die Sonne verdunkeln. Ich kann viele Formen und Größen haben. Was bin ich?

Ich kann kaum sehen, doch arbeite ich von früh bis spät. Im Garten bin ich zu Haus, manchen Menschen vielleicht ein Graus. Was bin ich?

Ich habe einen Rahmen, aber kein Bild. Ich nutze einen Steg, ohne zu gehen. Ich habe Fenster für die Welt und mit mir wirst du alles sehen. Was bin ich?

Im Frühling erfreue ich dich, im Sommer kühle ich dich, im Herbst ernähre ich dich, im Winter wärme ich dich. Was bin ich?

Schneidest du mich, weinst du, doch nicht ich! Was bin ich?

Alle Tage gehe ich aus, bleibe aber stets zu Haus. Was bin ich?

Ich habe tausend Nadeln, aber ich nähe nicht. Was bin ich?

Ich habe vier Finger und einen Daumen, doch lebe nicht. Was bin ich?

Wenn ich geboren werde, fliege ich. Während ich lebe, liege ich. Wenn ich sterbe, fließe ich. Was bin ich?

Du hörst mich, wenn ich wachse. Doch wachse ich zu viel, dann platze ich. Was bin ich?

Zahlenreihe

Finde eine Reihe der Zahlen von 1 bis 10.
Sie kommt nur einmal vor.

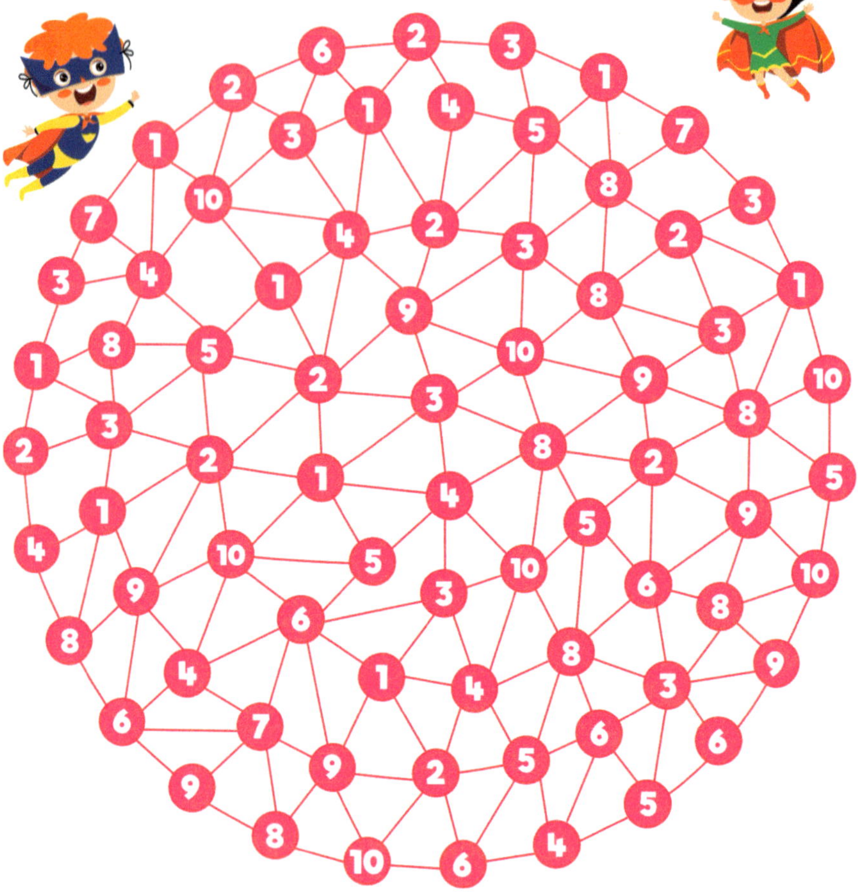

Streichhölzer

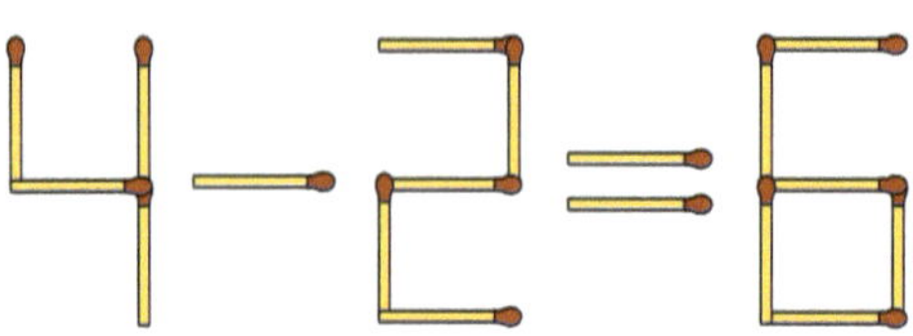

Füge ein Streichholz hinzu, damit die Rechnung stimmt.

Strohhalme

Welches Kind trinkt aus welchem Glas? Male die Strohhalme mit den richtigen Farben aus.

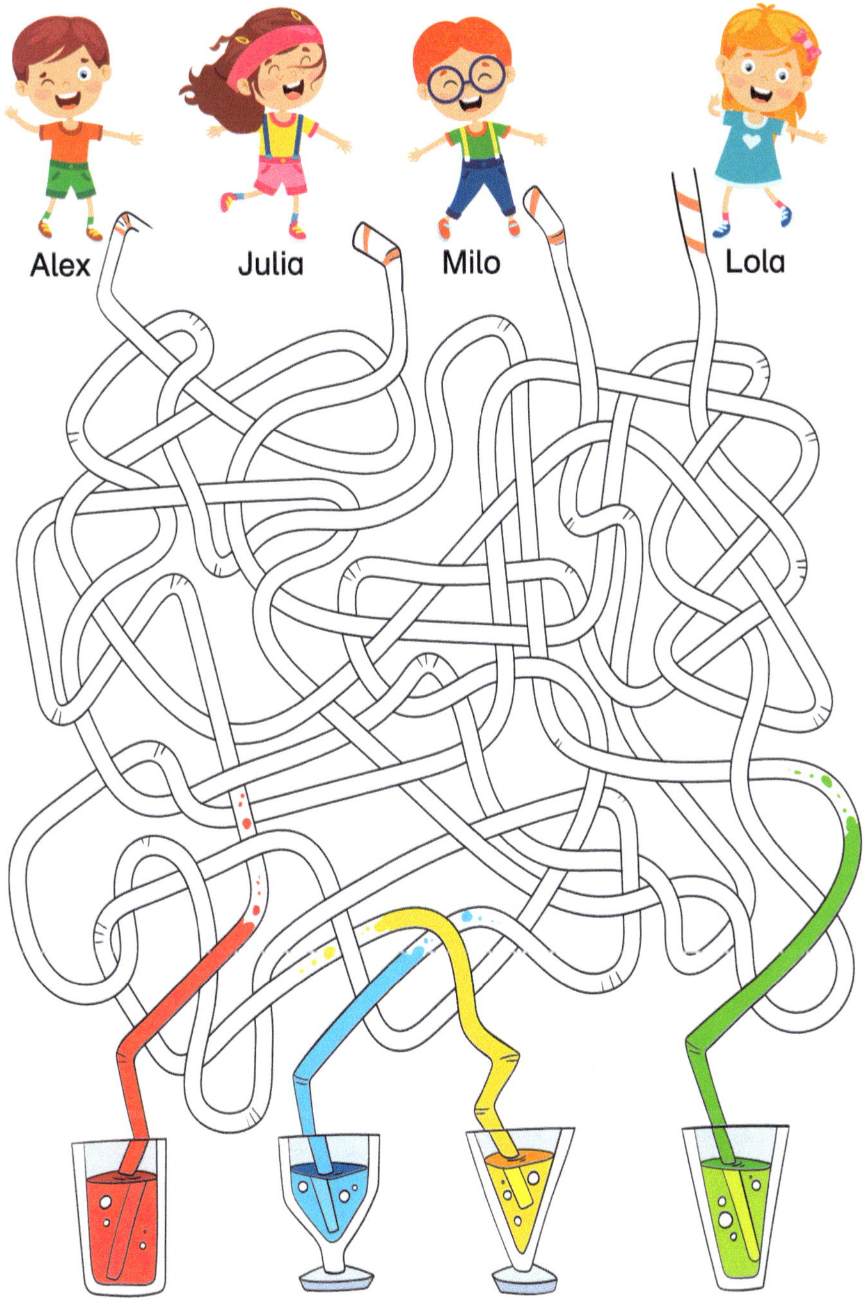

Finde 10 Unterschiede

1 2 3 4 5 6 7 8

Helme

Lara, Gabi, Nele und Pia sind Freundinnen. Jede hat einen Helm in einer anderen Farbe: gelb, rot, blau oder rosafarben.

- Lara hat keinen roten und keinen blauen Helm.
- Nele und Pia haben keinen blauen Helm.
- Pia und Lara haben keinen gelben Helm.

Finde heraus, welcher Helm zu welchem Mädchen gehört, und schreibe die Namen auf!

Verwandtschaft

Wie bist du eigentlich mit anderen verwandt? Teste dein Wissen und beantworte diese Fragen:

1 Der Vater der Tochter meines Bruders ist: ______________________

2 Der Sohn der Schwester meines Bruders ist: ______________________

3 Die Mutter des Vaters meiner Schwester ist: ______________________

4 Die Schwester des Bruders meines Vaters ist: ______________________

Sudoku

Fülle das Gitter so aus, dass in jeder Reihe, in jeder Spalte und in jedem Block die Zahlen von 1 bis 9 vorkommen.

4		5				8		
	8	3	2	4	1	5	9	
		1		3				2
	9	7	3		5	2	4	
2				8	9		5	6
			1			9	7	
	5	2			6			
1	6		9	5				4
	4	9	8		3	6	2	

Schlangen

Jede Schlange hat ein Spiegelbild. Ordne zu.

1 

2 

3 

4 

5 

6 

7 

8 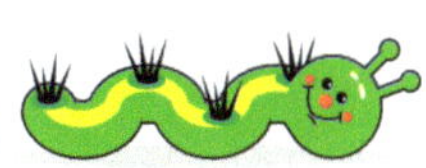

9 

10 

Scherzfragen

1. Wer reist ständig kostenlos um die Erde?
2. Was kann man brechen, ohne es anzufassen?
3. Was ist in der Mitte von Amerika?
4. Welcher Vogel sagt seinen Namen?
5. Warum müssen Rätselfragen von der Polizei verboten werden?
6. Wer geht immer mit dir baden, aber wird nie nass?
7. Zwei Schornsteine und drei Schornsteine und vier Schornsteine, was kommt da raus?
8. Wann kann man Wasser in einem Sieb tragen?
9. Was liegt zwischen Haus und Garten?
10. Wie nennt man den Flur in einem Iglu?
11. Welcher Pilz hat gut lachen?
12. Was wird beim Abtrocknen nass?

Verbinde die Punkte

Verbinde die Zahlen von 1 bis 30, damit der Affe vollständig wird.

Schattenbilder

Welcher Schatten passt zu Bob, dem Schlittenfahrer?

Gegenteile

Verbinde die Gegenteile miteinander.

Gitterrätsel

3 Buchstaben: Eis
4 Buchstaben: Zelt
5 Buchstaben: Eimer
6 Buchstaben: Kamera, Koffer, Krabbe
7 Buchstaben: Muschel
8 Buchstaben: Rucksack, Sandburg
9 Buchstaben: Sonnenhut
10 Buchstaben: Schnorchel
12 Buchstaben: Sonnenbrille, Sonnenschirm, Wassermelone
13 Buchstaben: Schwimmreifen

Blick von oben

Welches Bild zeigt die große Pyramide von oben?

Zeichne nach!

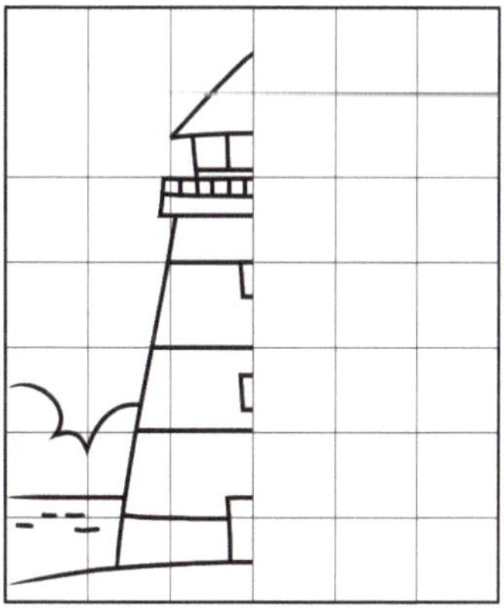

Zwillingsgesicht

Welches Gesicht gibt es zweimal?

Finde 10 Unterschiede

Finde 10 versteckte Sachen

Finde diese 10 versteckten Sachen im Bild.

Lösungen

S. 2: Süßigkeit
Bruno nahm diese Süßigkeit: 

S. 2: Fehlerfalle
Es ist immer das rechte Wort richtig.

S. 3: Verbinde die Punkte
Es ist ein Einhorn.

S. 3: Zahlenreihe
Erst rechnest du + 1, dann +2, dann +3, dann +4 und am Schluss +5. Die nächste Zahl ist daher 17.

S. 4: Finde 10 Unterschiede

S. 5: Mathegitter

S. 5: Dreiecksbauer
Das ist nur ein Beispiel.

Es gibt weitere Möglichkeiten, das Puzzle zu lösen.

S. 6: Zahlenschnecke
Die Lösung ist 3:
2 + 7 – 4 + 8 + 6 = 19
19 – 11 + 4 – 9 + 4 = 7
7 + 7 + 2 – 8 – 5 + 10 = 13
13 – 4 + 6 – 7 = 8
8 – 6 + 9 – 8 = 3

S. 6: Vogelalphabet
Lösungswort: BLAUMEISE.

S. 7: Suchsel

S. 8: Giraffenhälse
1 C • 2 B • 3 A

S. 9: Naturwörter
Von oben nach unten: Vogel, Wolke, Löwenzahn, Blumen, Baum, Rose, Nacht, Wald. Das Lösungswort ist: VOLLMOND.

S. 10: Bauteile
Von links nach rechts: 3, 1, 4, 2

S. 10: Streichhölzer
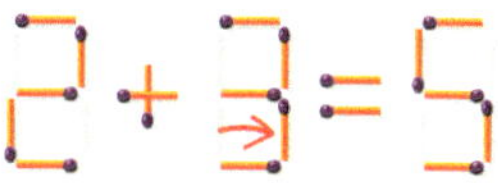

S. 11: Buntes Tiergeheimnis

Lösungen

S. 12: Puzzleteile

Von oben nach unten und von links nach rechts: C, H, L, J, D, K, G, B, F, I.

S. 13: Rätselgeschichten

1. Papa bittet Amelie, die Spaghetti auf zwei Teller aufzuteilen. Adam darf den Teller auswählen. So muss Amelie die Spaghetti gerecht aufteilen. 2. Das Rätsel sagt, dass du der Busfahrer bist. Daher ist die Antwort die Farbe deiner Augen. 3. Felix ist der Jüngste, Klaus ist der Älteste. 4. Es handelt sich um eine Frauenmannschaft.

S. 14: Blick von oben

Lina hält Regenschirm Nr. 6.

S. 14: Schattenbilder

Schatten D passt zum Waschbären.

S. 15: Gitterrätsel

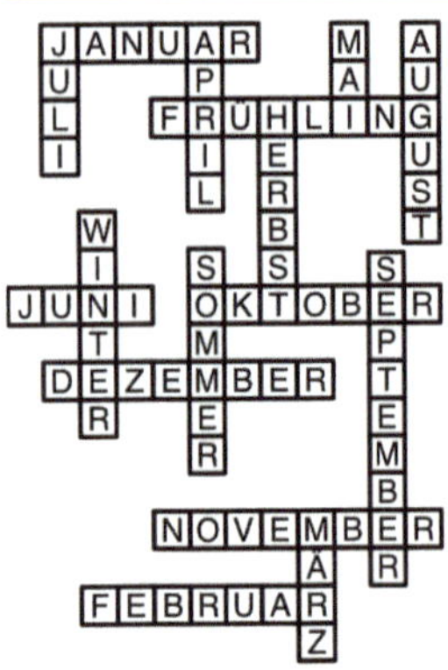

S. 16: Finde 10 Unterschiede

S. 16: Rechenquadrat

Es fehlt die Zahl 20. Addiere in jeder Reihe und in jeder Spalte die erste Zahl zur zweiten Zahl und du erhältst die dritte Zahl. In der dritten Reihe 7 + 13 = 20 und in der dritten Spalte 11 + 9 = 20.

S. 17: Dominosteine

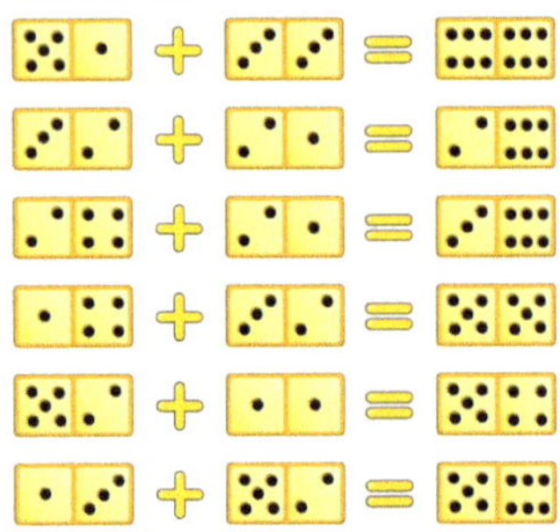

S. 18: Fliege in der Flasche

S. 19: Was ist was?

Von links nach rechts: Gesicht, Fuß, Arm, Nase, Bart, Hand, Finger, Hände, Knie, Haar, Kuss, Ohr, Auge, Zahn, Beine, Zähne.

S. 20: Rätselgeschichten

1. Der Traktor wurde im Winter auf die Insel gefahren, als der See zugefroren war. 2. Gieße den Saft aus dem zweiten Glas in das fünfte Glas. 3. Buchstaben. 4. Drei Wörter: Ort, rot, Tor.

S. 21: Finde das Muster

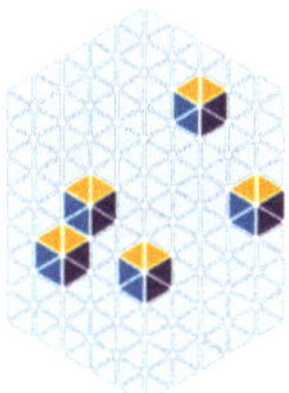

S. 22: Geheimcode
Der frühe Vogel fängt den Wurm.

S. 23: Tieraugen
15 Tiere schauen nach links,
17 Tiere schauen nach rechts.

S. 24: Eins und eins ergibt zwei
Die Teile 8 und 9 ergeben die Form oben.

S. 25: Suchsel

S. 26: Was bin ich?
1. Die Nase. 2. Eine Fensterscheibe. 3. Ein Angelhaken (oder ein Anker). 4. Die Stille. 5. Ein Würfel. 6. Deine Bettwäsche. 7. Rauch. 8. Ein Zaun. 9 Ein Ei.

S. 27: Verbinde die Punkte
Das Bild zeigt ein Schloss.

S. 28: Lücken im Alphabet
Es fehlen E, I und S: Eis.

S. 28: Streichhölzer

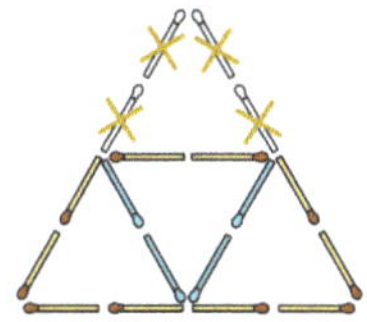

S. 29: Finde zwei gleiche Schildkröten
Die Schildkröte mit der Schere ist in der oberen und unteren Reihe.

S. 30: Perlenketten

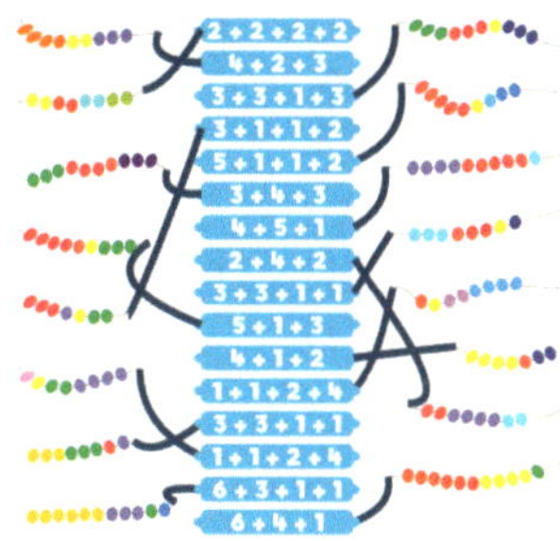

S. 32: Scherzfragen
1. Die Leute anfeuern. 2. Der Globus. 3. Wir treffen uns an der Ecke. 4. Es hatte zu viele Probleme. 5. „Ah, Heu!" 6. Das Badewasser. 7. In volle Gläser. 8. Einsteigen. 9. Alle Vogelmännchen. 10. Keine Elefanten. 11. Der Schnee. 12. Der Sessel.

S. 33: Malen nach Zahlen

S. 34: Schattenbilder
Schatten B zeigt Simon, den Kater.

S. 34: Blick von oben
Bild 6 zeigt Ninas Buchseite.

S. 35: Gitterrätsel

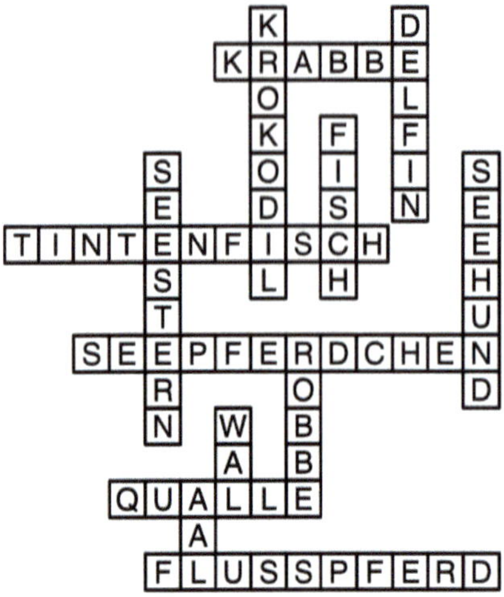

S. 36: Haustiere
Kiras Haustier ist Rufus, Moni hat Blitz und Arno gehört zu Tommy.

S. 36: Wortleiter
Mund - Hund - Hand - Wand - Wald

S. 37: Kaktuskauf
Basti hat diesen Kaktus ausgesucht:

S. 38: Rätselgeschichten
1. Frau Wagner wollte ein Glas Wasser, weil sie Schluckauf hatte. Die Spinne erschreckte sie so sehr, dass ihr Schluckauf geheilt wurde.
2. Peter, Lisa, Tanja, Max.
3. Martin ist der Name von Jans Bruder.
4. Februar, denn die Monate sind nach ihrer Wortlänge geordnet.
5. Die Zahlen sehen genauso aus, wenn du sie auf dem Kopf liest.

S. 39: Formen zählen
6 Rechtecke und 32 Dreiecke.

S. 39: Drehe mal!
Die Quadrate 2 und 5 sind gleich.

S. 40: Regenschirme
Es sind 15 Regenschirme versteckt.

S. 40: Mathekreise
3 + 5 = 8, 5 + 6 = 11, 9 + 3 = 12,
6 + 7 = 13, 8 + 9 = 17, 7 + 13 = 20

S. 41: Farbige Würfel
Würfel D verbindet beide Formen.

S. 42: Roboter Tobbi
Besen: 1, Hammer: 2, Spaten: 3, Rechen: 4, Schraubenschlüssel: 5, Sprühflasche: 6, Schöpfkelle: 7, Farbroller: 8.

S. 43: Finde 10 Unterschiede

S. 44: Wortleiter
Ring - Rind - Kind - Kino - Dino

S. 44: Finde zwei gleiche Hunde
Die Hunde E und G sind gleich.

S. 45: Lies die Sterne
Ist die Katz' aus dem Haus, rührt sich die Maus.

S. 45: Was passt wohin?
Linke Form: A und D, mittlere Form: C und E, rechte Form: F und B.

S. 46: Tierbabys
Von oben nach unten: 2, 12, 13, 19, 8, 9, 10, 17, 4, 3, 9, 19, 20, 6, 7, 8, 14.

S. 47: Trickfragen

1. Drehe die Zahl 6 einfach um, dann hast du eine „9“. 2. Zeichne ein Rechteck, und dann zeichne in das Rechteck drei Striche. Schon hast du ein Rechteck mit drei Strichen gezeichnet. 3. Fische atmen Luft (aus dem Wasser). 4. Im Februar, weil er die wenigsten Tage hat. 5. Es regnet nicht. 6. Seinen Fuß. 7. Das Wort „falsch“. 8. Deine Zunge schmeckt besser, als sie riechen kann.

S. 48: Bilder-Sudoku

S. 48: Papageien

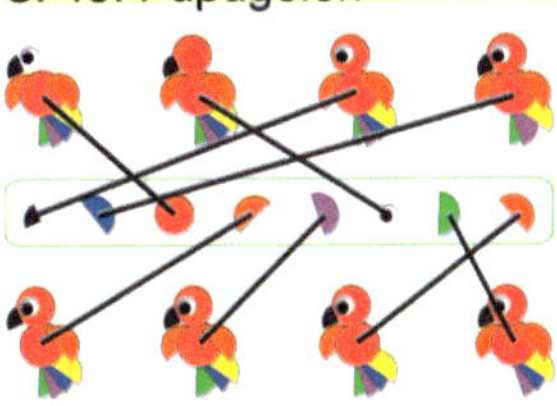

S. 49: Zahl vermisst!

Die Zahl 19 kommt nur einmal vor.

S. 49: Fischpuzzle

S. 50: Käselabyrinth

Das Rohr D führt die Maus zum Käse.

S. 51: Suchsel

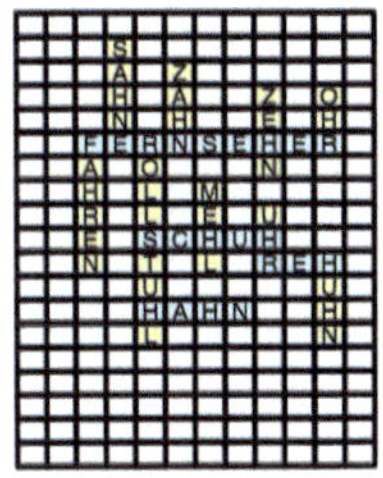

S. 52: Blick von oben

1B • 2A • 3D • 4C

S. 52: Streichhölzer

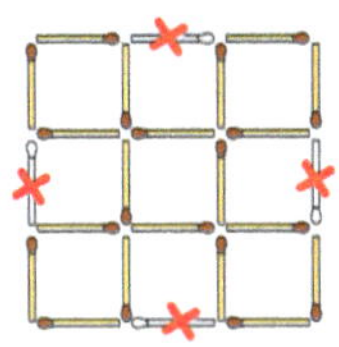

S. 53: Schattenbilder

Schatten E passt zu Lani, dem Pony.

S. 54: Finde 10 Unterschiede

S. 55: Gitterrätsel

S. 56: Kreuzungen
Das rote Auto fährt zu Feld A, das gelbe Auto zu Feld D.

S. 56: Rechenzeichen
3 + 4 – 5 = 2 und 17 – 8 + 6 = 15

S. 57: Verbinde die Punkte
Das Bild zeigt eine Eule.

S. 58: Baumlabyrinth
Weg B führt zum Apfel.

S. 59: Scherzfragen
1. Der Affe. 2. Einen Nachtisch. 3. Einen Schwamm. 4. Eine Erkältung. 5. Ein Segelflugzeug hat keinen Motor. 6. Ein Loch. 7. Der Kindergarten. 8. Ein „Schwinguin“. 9. Die Giraffen. 10. Der Käse. 11. Der Schlüssel. 12. Die Tauben.

S. 60: Würfelaugen

S. 60: Finde zwei gleiche Mäuse
Die Mäuse D und E sind gleich.

S. 61: Malen nach Zahlen

S. 62: Versteckte Vierlinge

S. 63: Papageien
Von oben nach unten: 5, 3, 6, 3, 9.

S. 63: Tier gesucht
Das Lösungswort ist STORCH.

S. 64: Was bin ich?
1. Niesen. 2. Die Sterne. 3. Papier. 4. Eine Flasche. 5. Ein Stück Seife. 6. Feuer. 7. Dein Name. 8. Besteck (oder Geschirr). 9. Ein Geheimnis.

S. 65: Dino-Puzzle

S. 65: Blütenrätsel

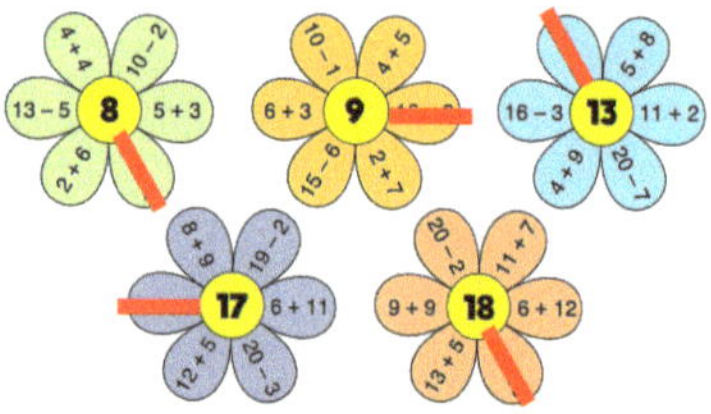

S. 66: Finde 10 Unterschiede

Lösungen

S. 67: Rechengitter

S. 67: Knöpfe

S. 68: Zahlenhälften

Die kleinste Zahl ist 23, die anderen Zahlen sind 28, 32 und 82.

S. 68: Quadrat-Zwilling

Die Quadrate 7 und 8 sind gleich.

S. 69: Formenpuzzle

Es sind auch andere Lösungen möglich.

S. 69: Wortsalat

1. Koala, 2. Rabe, 3. Otter, 4. Kuh, 5. Orca, 6. Delfin, 7. Igel, 8. Löwe.
Lösung: KROKODIL.

S. 70: Schattenbilder

Schatten 5 passt zum Dinosaurier.

S. 70: Streichhölzer

S. 72: Finde 10 versteckte Sachen

S. 73: Wurmfarben

Die Würmer 4 und 5 sind verknotet.

S. 74: Blick von oben

Haus D stammt aus der Vorlage.

S. 75: Gitterrätsel

S. 76: Dino-Eier

S. 77: Finde 10 Unterschiede

S. 78: Rätselgeschichten
1. Es war der Ersatzreifen, der platt war. 2. Mimi ist älter als Bonnie. 3. Der Name des Schiffes. 4. Man sieht die Tür nicht, um in den Bus einzusteigen. Daher fährt der Bus nach links. 5. Die Sechs gehört nicht dazu, denn alle anderen Zahlen haben vier Buchstaben.

S. 79: Suchsel

S. 80: Rückseite
Reihe 2 ist die Rückseite.

S. 80: Finde zwei gleiche Autos
Die Autos B und H sind gleich.

S. 81: Rechne und male!

S. 81: Würfelfarben
Würfel 5 kannst du aus der Vorlage falten.

S. 82: Bunte Mauer
Teil D passt in die Mauer.

S. 82: Sei ein Domino-Detektiv!

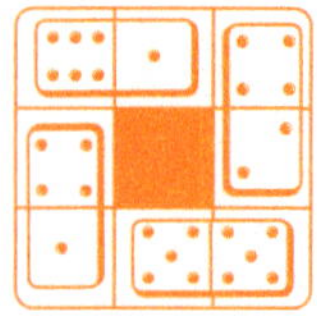

S. 83: Was bin ich?
1. Der Mond. 2. Ein Maulwurf. 3. Eine Brille. 4. Ein Baum. 5. Eine Zwiebel. 6. Eine Schnecke. 7. Igel (oder Tanne oder Stachelschwein). 8. Ein Handschuh. 9. Eine Schneeflocke. 10. Popcorn.

S. 84: Zahlenreihe

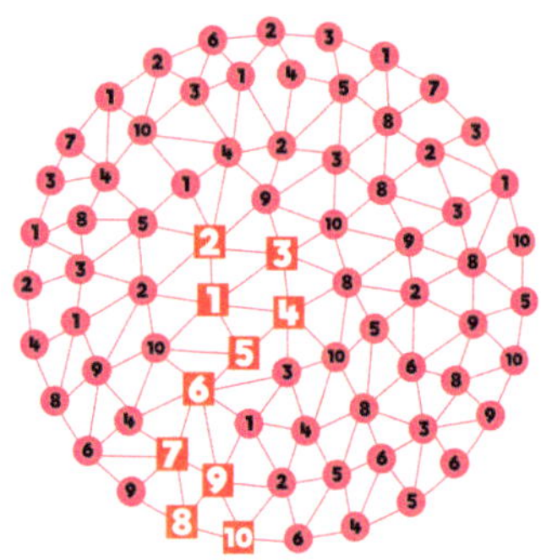

S. 84: Streichhölzer

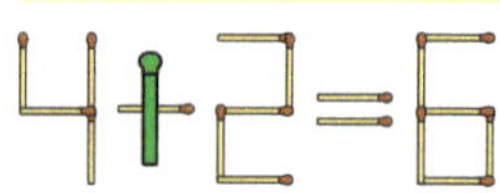

S. 85: Strohhalme
Alex blau, Julia rot, Milo grün, Lola gelb.

S. 86: Finde 10 Unterschiede

S. 87: Malen nach Zahlen

S. 88: Helme

Lara: rosafarben, Gabi: blau, Nele: gelb, Pia: rot.

S. 88: Verwandtschaft

1. Bruder, 2. Neffe (oder eigener Sohn), 3. Großmutter, 4. Tante.

S. 89: Sudoku

4	2	5	6	9	7	8	1	3
6	8	3	2	4	1	5	9	7
9	7	1	5	3	8	4	6	2
8	9	7	3	6	5	2	4	1
2	1	4	7	8	9	3	5	6
5	3	6	1	2	4	9	7	8
3	5	2	4	7	6	1	8	9
1	6	8	9	5	2	7	3	4
7	4	9	8	1	3	6	2	5

S. 89: Schlangen

Die Schlangen 1 und 8 sind Spiegelbilder, sowie 2 / 7, wie auch 3 / 10, 4 / 9 und 5 / 6.

S. 90: Scherzfragen

1. Der Mond. 2. Ein Versprechen. 3. Der Buchstabe R. 4. Der Kuckuck. 5. Weil sich Leute den Kopf zerbrechen. 6. Dein Schatten. 7. Rauch natürlich. 8. Wenn es gefroren ist. 9. Das Wort „und“. 10. Eisdiele. 11. Der Glückspilz. 12. Ein Handtuch.

S. 91: Verbinde die Punkte

Der Affe hängt am Ast.

S. 92: Schattenbilder

Schatten F passt zu Bob.

S. 92: Gegenteile

Frühling/Herbst, leise/laut, groß/klein, hell/dunkel, dreckig/sauber.

S. 93: Gitterrätsel

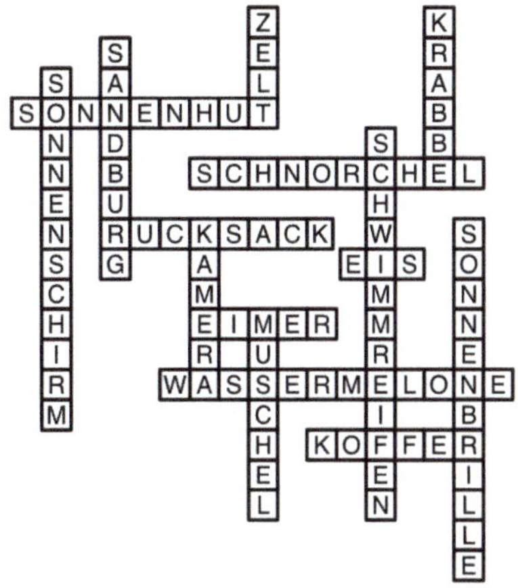

S. 94: Blick von oben

Bild E zeigt die Pyramide von oben.

S. 96: Zwillingsgesicht

Der Junge in der Mitte der zweiten Reihe taucht auch in der vorletzten Reihe auf.

S. 97: Finde 10 Unterschiede

S. 98: Finde 10 versteckte Sachen

Printed in Poland
by Amazon Fulfillment
Poland Sp. z o.o., Wrocław

52433738R00066